8° L57k
18403

Edmond BÉRAUD

SOUVENIRS D'UN JOURNALISTE ROYALISTE

LA ROCHELLE — IMPRIMERIE DE L'OUEST
1925

Souvenirs d'un Journaliste Royaliste

PRÉFACE

Sous ce titre, je réunis ici, pour ma famille et mes amis, les pages que j'ai déjà publiées à la *Gazette d'Aunis*, sous le titre « *Souvenirs d'un Journaliste Rochelais* ».

Je n'ai pas été, à proprement parler, journaliste Rochelais ; mais Rochelais par le sang et les traditions familiales, j'ai voulu, dans les colonnes de mon excellent et vaillant confrère, évoquer l'origine des miens.

Ma famille est, en effet, issue de cette vieille bourgeoisie rochelaise dont l'empreinte a été ineffaçable dans l'histoire. Et tous mes ancêtres, depuis celui qui fut appelé à La Rochelle, en 1571, par Jeanne d'Albret et le Prince de Condé, pour y fonder une chaire de grec, signaient « *Bourgeois de La Rochelle* », mention qui était alors un titre de noblesse rochelaise.

Mon arrière grand-père, maire de La Rochelle, fut élu député de La Rochelle aux Etats Généraux. Mon grand-père a été député de La Rochelle sous la Restauration. Mon bisaïeul maternel, premier échevin de La Rochelle, figura dans l'émigration rochelaise, puis, en 1815, fut conseiller général de La Rochelle. Mon père, conservateur des forêts, et tous ceux de la génération qui m'a précédé remplirent, en bons Français, leur mission.

Dans une lettre qu'il daigna m'adresser, Monseigneur le Duc d'Orléans put écrire : « Vous êtes le digne descendant de *ceux qui jouèrent un rôle historique à La Rochelle, et lui rendirent, ainsi qu'à la France, de nombreux et signalés services* ».

Le vieux Rochelais que je suis, après sa retraite du journalisme, était revenu au foyer familial où il comptait finir sa vie. Mais les deuils et les cruels souvenirs de la guerre l'en ont brutalement chassé; il y rejoindra, un jour, les siens dans la terre où ils reposent.

Édmond Béraud,

Vice-président de la Presse monarchique et catholique.

Villa Gréviolettes,
La Trinité-sur-Mer (Morbihan).

Nous commençons aujourd'hui la publication des souvenirs de notre éminent compatriote M. Edmond Béraud.

Royaliste intransigeant, c'est toute l'histoire des campagnes entre monarchistes et républicains, particulièrement dans notre région, qu'il va faire revivre devant nous.

Les lecteurs les plus éloignés des idées politiques de l'auteur suivront avec intérêt ces mémoires d'un publiciste, aussi combatif que loyal, redouté certes, mais estimé de ses adversaires partout où il a lutté.

(Gazette d'Aunis).

21 Janvier 1925.

I

Les hommes de mon âge ont presque tous leurs amis dans les cimetières, et c'est aux tombeaux semés partout que nous mesurons et reconnaissons notre route. Il me faut donc, pour retrouver mes compagnons de luttes, percer du regard l'au-delà qui les a pris.

A leurs côtés, aux côtés des La Rochejaquelein, Charette, d'Elbée, Dampierre, Calla, l'éloquent député de Paris, Janicot, mon ancien directeur de la *Gazette de France*, Lur Saluces et tant d'autres, se sont ensevelies des années de pensées et de sentiments communs, car pendant quarante ans j'ai vécu et bataillé près d'eux.

Les nouveaux ne connaissent pas les hommes de ma génération, et nous ne les connaissons guère. L'avenir est à eux; mais nous avons, du moins, l'honneur du passé. La lutte fut rude pour nous, les vieillards et les morts. Il fallait remonter les courants, remplir le rôle de Cassandre toujours clairvoyant et toujours méconnu, braver l'impopularité, subir les injustices, parfois même chez ceux qu'on défendait, s'exposer aux attaques, aux abandons et aux ingratitudes.

Nous étions les vigilants, quand tout désarmait, les fidèles d'une armée découragée et débandée. Nous ne cessions d'avertir et de lutter, et nous n'étions ni écoutés, ni suivis, ni pendant le Boulangisme, ni pendant le Ralliement. On nous accusait d'être des réfractaires impénitents et des censeurs moroses. Et cependant les événements ont justifié nos prévisions. Le régime républicain dont nous dénoncions les conséquences funestes se débat dans l'anarchie.

Soit que la tombe les ait pris, soit que la vieillesse les atteigne, les royalistes de mon temps peuvent dire, du moins, que leur œuvre n'a pas été stérile, car ils ont entretenu la flamme et sauvé le patrimoine monarchique.

Pendant quarante ans, j'ai rédigé ou dirigé des journaux dont aucun ne m'appartenait ; mais jamais je n'ai exprimé d'autres sentiments que les miens propres, écrit une ligne dont la source n'émanât pas directement de ma pensée, obéi à d'autres maîtres que mon idéal de la vérité et de l'honneur. Mon indépendance est demeurée souveraine, et rien au monde ne l'a effleurée. Cela, je le dis avec fierté, et pour mon parti et pour moi même. Mes grands amis, tous ceux dont j'ai cité les noms tout à l'heure m'ont soutenu, sans se lasser, avec une fidélité admirable, car au milieu du marasme des consciences et du désarroi des principes, j'ai eu des adversaires acharnés. Ayant en horreur les habiles toujours en quête d'une combinaison savante et d'une tactique compliquée, je portais ombrage aux ralliés. Certains tentèrent d'étrangler mes journaux. Je suis resté debout.

En somme, j'ai vu bien des choses, connu bien des hommes, reçu bien des confidences. J'ai été mêlé à bien des événements. Je ne peux tout dire ; mais en ma qualité de Rochelais je confie à l'excellente *Gazette d'Aunis* quelques pages de mes Souvenirs qui paraîtront en brochure.

* * *

C'est à l'*Echo Rochelais*, avant mon

entrée à la *Gazette de France*, que j'ai fait mes débuts. C'était en 1874. J'étais étudiant en droit, j'avais vingt ans et l'amour du journalisme. Comme Rochelais, j'envoyais de Poitiers des articles à l'*Echo* dont le propriétaire, M. Deslandes, n'était pas une lumière en politique. Ce brave homme, mi-partie bonapartiste, mi-partie royaliste, était de ceux qui rêvaient de donner au comte de Chambord comme héritier le prince impérial ; il avait eu un jour la fantaisie d'attaquer les Princes d'Orléans, et dans la fougue de mes vingt ans, je lui adressais une épître qui figure dans la collection de l'*Echo* (année 1875) et dont voici la conclusion :

« Dans l'avenir, les princes d'Orléans seront les représentants de la Monarchie héréditaire, et le droit que Mgr le comte de Chambord leur transmettra, le respect dû à tous ceux qui portent le nom de Bourbon, devraient, ce me semble, leur être une sauvegarde suffisante contre certaines attaques.

Je vous prie donc de vouloir bien annoncer à vos lecteurs qu'à partir d'aujourd'hui, je demeure étranger à la rédaction de l'*Echo*, et que vous ne me compterez plus au nombre de vos collaborateurs.

Veuillez agréer, etc.

Edmond Béraud. »

La prose était un peu jeune ; il ne me déplaît pas cependant de la reproduire, car elle montre que tel j'étais il y a 50 ans, tel je suis aujourd'hui.

Ma collaboration avait duré quinze mois, pendant lesquels j'avais soutenu la politique de la Droite modérée. Les exagérations de ceux qu'on appelait alors les « Pointus » et la funeste lettre sur le drapeau blanc venaient de briser l'œuvre de restauration.

Il s'agissait de soutenir le Gouvernement du maréchal de Mac-Mahon pour assurer l'avenir monarchique du pays. Les élections radicales de 1876 mirent fin aux projets de l'Assemblée nationale, et la France devint la proie de la République.

C'est alors que j'entrais à la *Gazette de France*, mais je devais plus tard faire de la politique active en Charente-Inférieure. Je dirai plus loin qu'appelé par le marquis de Dampierre à diriger le *Moniteur de la Saintonge*, je vins à Saintes et y menai une très vive campagne contre Boulanger. Peu s'en fallut même que mon vieil ami Ossian Pic ne me cédât l'*Echo Rochelais*. Il y avait eu entre nous un projet de fusion des deux journaux ; mais, comme me l'écrivait le comte de Montbron, président du Comité royaliste, « il n'est pas aisé d'atteler Saintes et La Rochelle ». L'affaire n'aboutit pas, et Pic put me dire : « L'*Echo* n'a pas flotté sur mon berceau, il ombragera ma tombe ».

Ainsi, deux fois dans ma vie j'ai fait du journalisme en Charente-Inférieure, aux périodes les plus graves. J'ai publié mes premières pages à La Rochelle, et celles-ci, c'est encore à La Rochelle qu'elles paraissent.

II

La *Gazette de France*, aujourd'hui disparue comme tant d'organes politiques, était le plus ancien de tous les journaux. Il faut remonter jusqu'en 1631 pour trouver, non seulement sa fondation, mais l'origine de la presse en France. Créée par Renaudot, la *Gazette* devint l'organe officiel de Louis XIII et de Richelieu qui lui donnèrent souvent des articles sur la politique extérieure.

A l'époque où j'y entrais, la *Gazette* appartenait à M. Janicot, ancien secrétaire du célèbre abbé de Genoude. Fils d'un officier supérieur de l'Empire qui s'était marié à une Vénitienne, Janicot avait en lui la finesse italienne unie à la courtoisie française. L'un des plus beaux hommes de son temps, il fut toujours un charmeur d'une séduction sans égale. Passionnément journaliste, et l'un des premiers, il ne voulut être que cela. Il avait accepté la présidence du Syndicat de la Presse, mais décliné, en 1871, le mandat législatif que Marseille lui offrait à côté du général de Charette. Cet homme politique dont l'influence fut prépondérante au temps de l'Assemblée Nationale et qui portait au ministère ses collaborateurs, de Larcy, Depeyre et d'autres, refusa toujours la croix, même de la main de ses amis personnels ; il considérait comme une insolence qu'un ministre osât vouloir récompenser un journaliste, alors que c'est le journaliste qui juge les ministres.

Sous l'Empire, trois procès et onze avertissements ne purent avoir raison de la *Gazette* qui comptait les plus vaillantes plumes, les de Pontmartin, de Boissieu, de Larcy, Béchard, Fournel, de Gaillard, de Lacombe, etc...

Le 4 septembre, Janicot invita les Français à tenir pour nuls les décrets de Gambetta. Lorsque plus tard, l'Assemblée Nationale accorda à M. Thiers le titre de président de la République, il protesta violemment. Résistant aux entraînements irréfléchis et se cabrant au contact des palinodies, il mena contre le Boulangisme et le Ralliement une véhémente campagne. Jamais il ne se trompa, et toujours les événements lui donnèrent raison. Que ne fut-il écouté, lorsqu'au début de la persécution religieuse, il recommandait le refus de l'impôt ! Pareil acte d'opposition, le seul efficace, aurait promptement changé la face des choses. On préféra les pétitions imbéciles !

Ce grand journaliste, très hautain, vis à vis de ceux qui lui déplaisaient, était un directeur facile et simple, il laissait à ses collaborateurs une entière liberté d'appréciation, respectant leur indépendance avec autant de jalousie que s'il se fût agi de la sienne. Chacun de nous faisait l'article qui lui convenait, et Janicot ne le lisait que dans le journal. Je me souviens qu'un jour, sortant du Sénat où j'avais été empoigné par l'admirable talent de Jules Simon, j'avais fait l'éloge un peu trop copieux de cet adversaire de Mac-Mahon, et le lendemain matin, je trouvais étalé sur ma table le numéro de la *Gazette* avec cette annotation du directeur: « Oh ! Béraud, y songez-vous ! » Ce fut tout.

Nul n'était moins distant, ni moins exigeant. Etant resté quelques jours absent, je reçus ce simple billet : « Mon cher Béraud, vos articles sont beaucoup plus rares que les beaux jours ensoleillés. Etes-vous toujours de ce monde ? Renseignez moi donc sur ce point important. Amitiés. »

Je me suis étendu longuement sur la personnalité journalistique du chef d'élite aux côtés duquel j'ai appris à servir la cause monarchique, car il a droit à ma reconnaissance. Janicot n'abandonnait plus ceux qu'il avait admis dans sa maison et qu'il honorait de son amitié. Même loin de la *Gazette*, j'eus toujours le droit de garder le titre de « rédacteur de la *Gazette de France* », il m'en avait donné l'autorisation, publiait les articles que je lui envoyais de Bretagne, de Saintes ou de Niort, et me conférait parfois la mission de représenter la *Gazette*. C'est ainsi qu'étant allé, de Saintes, avec le comte de Montbron et mon cousin le colonel de Gourville, à Jersey, lors de la grande manifestation organisée par les royalistes de l'Ouest en l'honneur du Comte de Paris, je fus chargé de représenter la *Gazette de France*, quoique directeur du *Moniteur de Saintes*. Je dirai plus tard quelques mots de cette visite au Prince et raconterai un incident jusqu'ici inconnu.

La *Gazette de France*, sous l'Empire, avait groupé toutes les illustrations de l'opposition, Berryer en tête, et fondé en province une vingtaine de filiales, la *Gazette du Languedoc*, la *Gazette d'Anjou*, la *Gazette d'Auvergne*, etc. Evidemment la jeune *Gazette d'Aunis* n'a aucun rapport avec ces feuilles généralement disparues. Il ne m'est pas moins agréable de publier ces souvenirs dans un journal dont le titre m'est très cher. Faut-il ajouter que le nom de « Gazette » paru pour la première en France, en 1631, était emprunté à une feuille qui se publiait à Venise, il venait du mot « Gazetta », petite pièce de monnaie que l'on donnait pour lire cette feuille.

• • •

Cela dit, je reprends mes souvenirs. C'est à la *Gazette de France* que j'ai connu, non seulement les grands amis fidèles dont je possède des monceaux de lettres affectueuses, marquis de La Rochejaquelein, général de Charette, colonel marquis d'Elbée, Calla, marquis de Dampierre, de Lur-Saluces, — elles contiennent l'histoire politique des 40 dernières années, — mais aussi tous les hommes illustres du temps, le duc de Broglie, Buffet, Keller, duc d'Audiffret-Pasquier, Chesnelong, d'Haussonville, Bocher, de Kerdrel, de Cazenove, Target, et tant d'autres.

Je reproduirai quelques unes de ces lettres que je peux publier sans inconvénient et même avec profit, celles du marquis de Dampierre, quand je parlerai du *Moniteur de Saintes*, celles du marquis de La Rochejaquelein quand j'en serai à la *Revue de l'Ouest*. A cette place, je cite simplement cette lettre du duc de Broglie qui semble écrite hier :

« J'ai reçu, cher Monsieur, avec reconnaissance, l'intéressant et courageux écrit que vous avez bien voulu m'adresser. Je partage entièrement votre sentiment sur la nécessité de professer hautement, malgré l'indifférence et l'apathie du temps présent, les convictions monarchiques que le pays sera heureux, un jour, de trouver intactes et fidèlement conservées, comme sa seule ressource dans les nouvelles, inévitables et terribles crises qui l'attendent.

» Veuillez recevoir la cordiale assurance de mes sentiments très distingués.

» BROGLIE. »

J'avais 28 ans, et ce grand seigneur, cet orateur illustre, cet académicien, cet ancien président du Conseil des ministres, m'écrivait avec cette exquise simplicité.

III

Au cours des dix années que j'ai passées à la *Gazette*, j'ai écrit, chaque matin, un article, quelquefois deux, et l'après-midi j'allais aux Chambres, soit à Versailles, quand le Parlement s'y trouvait, soit au Sénat ou au Palais Bourbon, faire le compte rendu des séances. Dans la tribune de la Presse, j'étais voisin de l'hirsute Camille Pelletan, dont le radicalisme apparaissait déjà violent et haineux. Qui m'eût dit que ce désagréable confrère serait choisi par Combes comme ministre de la marine et détruirait, un jour, la marine française !

J'ai assisté aux plus belles joutes oratoires, entendu Gambetta, Jules Simon, Clémenceau, le duc de Broglie, Bocher, Buffet, Chesnelong, de Mun, Rouher, tous les orateurs de l'époque ; Jules Simon contre Ferry dans la discussion sur la liberté d'enseignement, le duc de Broglie contre Gambetta dans l'affaire tunisienne, etc. Gambetta était, certes, d'une éloquence entraînante, et cependant la lecture de ses discours déconcerte aujourd'hui. Il y a dans le prestige de l'éloquence un élément périssable, et c'est celui qui fait précisément les grands orateurs. On est, au contraire, ravi de relire les discours du duc de Broglie, si fins, si académiques, d'un français si pur.

Mes articles furent souvent consacrés au Bonapartisme, et j'eus avec les journaux de Rouher de longues et violentes polémiques, ce qui fit dire à mon confrère Delcer, directeur du journal de MM. Eschassériaux et Jolibois, quand je vins au *Moniteur de Saintes* : « M. Béraud n'avait-t-il pas à la *Gazette*, la spécialité des articles anti-bonapartistes ? »

Le fait est que j'ai mené une rude campagne contre le Jéromisme et le Victorisme ; cela d'ailleurs ne m'empêcha pas plus tard de faire venir à Niort, pour défendre l'union conservatrice, Guy de Cassagnac, héroïquement tué au début de la guerre, mon confrère et ami.

On prétendait que la *Gazette* possédait quantité de petits papiers et avait des dossiers compromettants. En vérité, nous n'en possédions aucun, mais nous étions abondamment *documentés* et nous avions bonne mémoire.

Il va sans dire que mes polémiques avec l'*Ordre* et la *Patrie* ne furent qu'un côté très secondaire de ma vie journalistique. C'est le régime républicain et les hommes de ce régime qui reçurent surtout mes coups. Un jour le ministre de l'intérieur Allain-Targé menaça la Presse monarchique, et mon directeur me chargea de lui répondre en ces termes :

« Vos menaces, monsieur, nous les méprisons, comme nous avons méprisé celles de votre ami Cazot, lors de l'exécution des décrets.

» Oh ! nous vous connaissons, nous savons que vous ne reculez devant aucune violence, vous êtes prêts à chasser les princes comme à nous empoigner, nous savons ce dont vous êtes capables.

» Vous êtes les hommes de l'émeute et des coups de force révolutionnaires. En 93, en 48, en 70, vous êtes arrivés au pouvoir en violant la Constitution.

» Vous êtes les seuls qui n'ayez pas le

droit d'imposer le respect d'une Constitution ; et vous avez le cynisme de vouloir prohiber même des « allusions inconstitutionnelles ! »

Le Cazot auquel je faisais allusion nous avait précédemment frappés. Deux fois, en huit jours, j'avais été poursuivi et condamné, non par le jury que je demandais, mais en police correctionnelle, pour avoir défendu la liberté de l'enseignement étranglée par Ferry. J'avais été défendu par Mᵉ Louchet, substitut démissionnaire au Tribunal de la Seine ; son admirable plaidoirie se terminait ainsi :

« L'écrivain que je défends le disait en terminant l'article poursuivi : Les honnêtes gens combattront sans relâche jusqu'au jour du triomphe du droit et de la liberté. Il le répète encore aujourd'hui, sans vaine jactance, sans forfanterie, mais avec une résolution inébranlable ; et avec lui le journal où il lutte, et tous les hommes groupés autour du même drapeau.

» Il y a bien des siècles déjà, le grand historien de Rome avait marqué d'avance, vous et vos semblables, d'un trait vengeur de son immortel pinceau. « *Ut imperium evertant, libertatem præ se ferunt.* » Pour renverser le pouvoir, ils invoquent la liberté ; *si perverterint, libertatem ipsam aggredientur.* Quand ils l'ont renversé, ils opprimeront la liberté elle-même.

» On veut nous intimider, en nous déférant aux tribunaux correctionnels. Nous affirmons que c'est peine perdue ! »

Nous étions tous très jeunes à la *Gazette*, mais comme le journal était âgé de près de 300 ans, certains s'imaginaient que nous formions une collection de crânes dénudés, et un jour que j'avais eu une polémique avec la *Lanterne*, d'Henri Rochefort, un rédacteur commença ainsi sa réponse : « Le vieux Béraud dont le crâne est un Skating... ». Or j'avais alors 26 ans et une chevelure très abondante. Nous en rîmes longtemps !

C'est à la *Gazette* que je publiais la plupart des brochures de propagande électorale qui furent répandues à profusion par le bureau politique du Prince et les Comités de province. Le journal est une histoire écrite au jour le jour, faite sous l'impression du moment, mais pleine de jugements dont le temps ne fait que constater la justesse. Cependant à certaines périodes de la vie d'un pays, les écrivains doivent adopter un autre mode de publicité. La brochure complète le journal. A côté du labeur quotidien de la presse, incompatible avec les longs développements, il y a des travaux utiles à accomplir : rassembler les matériaux de l'histoire, les coordonner et en dégager la conclusion. C'est là le rôle de la brochure qui reste, tandis que le journal passe.

Dans « *Gambetta Dictateur* », j'avais, pour la première fois, extrait des volumineux dossiers de l'enquête sur le 4 septembre tous les documents officiels relatifs à l'orgie gambettiste. C'est à la *Gazette* que revint l'honneur de découvrir et de mettre au jour ces documents écrasants. Certains auteurs qui ont écrit, depuis, l'histoire du 4-Septembre semblent l'avoir oublié.

« *La République, c'est la guerre* », eut un succès inespéré. Cette brochure fut tirée et répandue à 100.000 exemplaires. J'y montrais que la République, des temps les plus reculés jusqu'à nos jours, dans toutes les parties du monde, avait toujours été la guerre étrangère et la guerre civile.

« *Des chiffres* », c'était l'histoire des finances de la République. Elle fut tirée à 60.000 exemplaires.

Plus tard, étant au *Moniteur de Saintes*, je publiais « 89 *monarchique* », que Calla, l'éloquent, député de Paris, présenta en ces termes au public :

« Non, certes, 89 n'est pas aux républicains ! De cette année fameuse, qu'ils prennent le cadavre de Launay et la tête de Foulon : voilà ce que leur abandonne l'histoire.

» Notre date à nous, monarchistes, c'est 1789 !

» Leurs dates, à eux, c'est 1792 et 1793 ! »

Plus tard, je publiai « *Un seul chef, un seul parti* », « *Appel à l'Histoire et à la raison* », « *Le chef de demain et son programme* », et « *Le Dernier des La Rochejaquelein* » avec une préface du général de Charette. Une édition spéciale avait été demandée en Belgique, et toutes les notabilités catholiques souscrivirent en Angleterre, au Canada, aux Etats-Unis, au Brésil, en Autriche.

Le Duc d'Orléans voulut bien m'envoyer ses félicitations au sujet de ces pages « qu'un fidèle comme vous, m'écrivait-il, a consacrées à un fidèle comme le regretté marquis de La Rochejaquelein ».

IV

Pour des raisons de famille, j'avais quitté Paris, par suite la *Gazette*, et j'habitais près de Niort à la campagne que j'ai toujours aimée. Mais le démon du journalisme m'y poursuivait. Je créais une correspondance politique adressée à plusieurs journaux de départements : la *Vendée*, le *Journal de Rennes*, l'*Indépendance Bretonne*, l'*Union Monarchique du*

Finistère, le *Messager d'Indre et Loire*, etc...

A cette époque trois journaux m'offrirent leur direction, l'*Union Monarchique*, le *Morbihannais* et le *Vosgien*. Les présidents de leur conseil d'administration, MM. de Chamaillard, de Lambilly et de Ravinel insistèrent vivement, je refusais trouvant les résidences trop éloignées. Pour le *Vosgien*, M. Buffet, l'ancien président de l'Assemblée Nationale, intervint lui-même. Il s'agissait de combattre Jules Ferry, député des Vosges, et la chose était intéressante, mais j'avais déjà reçu l'offre du *Moniteur de Saintes*, dont la proximité me tentait. Buffet plaida en faveur d'Epinal ; « Epinal, disait-il, est un peu sibérique en hiver, il est, en été radieux, frais et pittoresque, il vous offrirait un séjour incomparablement plus agréable que Saintes et un groupe d'amis qui vous ouvriraient les bras. » Quoique très touché de tant d'insistance je refusais définitivement et allais à Saintes, où m'attiraient le marquis de Dampierre et Pic.

En 1884, le comité royaliste de Saintes avait acquis la libre disposition du *Moniteur*. Après l'avoir dirigé pendant trois ans, Pic s'en retirait. C'était un journaliste de race et un polémiste remarquable. Ses articles avaient un ton particulier, quelques-uns étaient de petits chefs-d'œuvre. Avec sa nature si loyale, son esprit pénétrant et sa grande connaissance des hommes, il avait rendu à la cause conservatrice les plus éminents services. Il fut un de mes meilleurs amis, quoique parfois les questions de tactique nous aient séparés ; son souvenir restera ineffaçable à La Rochelle, comme il l'est dans mon cœur.

En me remettant sans restriction la direction que j'acceptais sans réserve, le comité publia une déclaration disant : « M. Edmond Béraud, qui est originaire de la Charente-Inférieure, a été trop longtemps et de trop près mêlé aux luttes politiques de ces dernières années, les vigoureuses campagnes qu'il a menées à la *Gazette de France* ont eu trop de retentissement pour que son nom n'obtienne pas le chaleureux et unanime suffrage de nos amis ». Mais du côté bonapartiste, mon arrivée causa un vif déplaisir. Le journal de MM. Eschassériaux et Jolibois était habitué à tout régenter, et j'étais décidé à prendre la tête du parti conservateur, à présenter la solution monarchique, dans le fief électoral des chefs du parti bonapartiste, que je n'avais d'ailleurs, ni la prétention, ni la possibilité de détrôner.

Je trouvais auprès du marquis de Dampierre le concours le plus dévoué : « Je me mets entièrement à votre disposition, m'écrivait-il. Venez à Plassac. J'irai moi-même à Saintes tant que vous le croirez utile, et toutes les preuves qu'il me sera possible de vous donner de la joie que j'éprouve de vous voir devenir le chef de la presse monarchique dans la Charente-Inférieure, je vous les donnerai. »

Pendant deux ans, le *Moniteur* tint haut et ferme le drapeau monarchique, constamment défendit l'union conservatrice, constamment résista à la politique de compromission, et énergiquement refusa son concours aux expédients.

Un fait capital résume l'œuvre entreprise : la grande réunion Calla, affirmation royaliste en pleine Saintonge. Pour la première fois, dans les Charentes, on faisait apparaître publiquement la solution monarchique et le 19 février 1888, deux mille personnes — spectacle inoubliable à Saintes ! — acclamaient la monarchie. J'avais fait appel au dévouement infatigable de mon bien cher ami Calla, le fougueux orateur qui parcourait la France d'un bout à l'autre, et qui s'intitulait « le commis voyageur de la monarchie ». Avec Calla, député de Paris, étaient venus Cornelis de Witt, petit fils de Guizot, et Princeteau, le grand avocat de Bordeaux. M. de Montbron avait présenté les orateurs, M. Oudet les avait remerciés et M. Porteu ancien préfet, député, et représentant du Comte de Paris, présidait la réunion.

Certes, en prenant l'initiative de cette manifestation, j'avais dû lutter contre certains censeurs. « Vous êtes une cause de trouble et de division » m'écrivait l'un. « Avant votre arrivée en Charente-Inférieure, je n'ai jamais vu de dispositions pareilles à l'indiscipline » m'écrivait l'autre. « Il est bien évident que si vous ne prenez le mot d'ordre qu'à Paris, c'est vous seul qui dirigez le parti royaliste », disait un troisième. Et mon ami Pic de conclure : « Ah, fichtre ! non, personne n'a d'empire sur votre esprit. Vous ne faites que ce qui vous plaît, et nul au monde ne saurait modifier votre manière de voir et d'agir. »

Or, le lendemain de la réunion, le marquis de Dampierre m'écrivait :

« J'ai à cœur de vous adresser sans plus tarder mes plus cordiales félicitations sur le magnifique succès de votre conférence. C'est à vous qu'en revient la meilleure part, car c'est vous qui avez refoulé nos timidités et qui avez marché de l'avant avec une très juste et très ferme appréciation de la situation. Je vous remercie, cher Monsieur et ami, de m'avoir associé à votre bonne et belle action. Ça été une jouissance sans pareille pour moi que de voir une foule applaudir en

Saintonge un langage fermement royaliste. Recevez mille empressés et dévoués compliments.

E. de Dampierre. »

J'avais fait distribuer dans les rues plusieurs milliers de portraits du comte de Paris passant devant un régiment et saluant le drapeau tricolore. Ils furent saisis par le commissaire de police agissant par ordre du préfet. Je lui intentais un procès pour obtenir la restitution de ces gravures et des dommages-intérêts. Le préfet déposa un déclinatoire d'incompétence et malgré une remarquable plaidoirie du bâtonnier, Me Inquimbert, le tribunal admit le déclinatoire et je fus condamné aux frais. Mais le tribunal des conflits, annulant le jugement, déclara la saisie illégalement faite, et le commissaire dut s'exécuter par cette lettre plutôt humble adressée à mon avoué :

« Monsieur, j'ai communiqué votre lettre d'hier à M. le Sous-Préfet et à M. le Procureur de la République afin qu'ils me rendent les portraits du comte de Paris que j'avais saisis. Je les aurai demain et les ferai déposer à votre étude. Quant aux 77 fr. 85 de frais, je vais prier l'administration de vous les faire remettre. Veuillez patienter jusqu'à ce que j'ai eu la réponse. J'ai l'honneur, etc... »

En juillet 1887, le comte de Paris s'était rendu à Jersey pour y recevoir les délégations des départements de l'Ouest. La manifestation fut grandiose, plus de 2.000 personnes y prirent part, entre autres le comte de Montbron et le colonel de Gourville que j'accompagnais. Nous étions présentés au Prince par M. Porteu, son représentant dans l'Ouest, et le duc de la Trémoille qui était de service.

C'est ici que se place l'incident que je fais connaître pour la première fois.

V

Pour comprendre l'incident de Jersey, il faut savoir qu'à ce moment la *Gazette de France* blâmait énergiquement l'attitude de la Droite de la Chambre dont la majeure partie, sous l'influence de certains chercheurs d'expédients, soutenait le ministère Rouvier. Le comte de Paris avait cédé à leurs conseils, comme plus tard lors du Boulangisme. Il avait été deux fois trompé par ceux-là mêmes qui, au temps du Ralliement, devaient cyniquement l'abandonner ! Et comme, suivant l'expression de Mgr d'Hulst, le Prince avait une âme vraiment royale, il voulut, après la défaite, couvrir ses funestes conseillers et il eut la chevaleresque générosité de revendiquer la responsabilité des avis qu'il n'avait pas donnés, mais qu'il avait suivis, malgré ses répugnances.

Donc, au cours de l'audience le Prince me dit : « Je lis attentivement les journaux et suis reconnaissant de ce qu'ils font pour notre cause. Je suis heureux de vous recevoir et de voir que vous luttez énergiquement en Saintonge ». Au moment où il me tendait la main, je lui dis :

« Je suis chargé de présenter à Monseigneur les hommages de la *Gazette de France* ». — « Eh bien, me répondit le Prince, vous direz à Janicot que je suis mécontent de lui. Je désapprouve la campagne qu'il fait contre mes amis de la Droite. Du reste, le reproche que j'adresse à la *Gazette* ne vous est nullement personnel. A ce soir. »

Le Prince trouva sans doute qu'il avait été un peu trop vif, car il chargea M. de Montbron qu'il avait invité à déjeuner, en sa qualité de président du comité royaliste, de me faire savoir qu'il ne voulait pas que je restasse sous l'impression des reproches adressés à la *Gazette* : « Dites-lui qu'il est tout à fait en dehors de la question. Je veux que M. Béraud connaisse bien mes véritables sentiments à son égard. »

Le lendemain soir, il y eut réception ouverte. Nous étions 3 à 400. Tous passaient devant le Prince qui serrait la main de chacun. Personne ne s'arrêtait, suivant les instructions du service d'ordre. Lorsque ce fut mon tour, le Prince me retint, me tendit la main, garda la mienne, aussi longtemps que durèrent ses paroles : « Je tiens à vous dire Monsieur Béraud, que je ne vous en veux pas. Mais puisque vous avez été chargé d'un message de la *Gazette*, je n'ai pu faire autrement que de vous exprimer mon sentiment. Je sais combien Janicot est dévoué à ma personne et au principe, mais c'est un indiscipliné. Dites-lui que ses attaques contre la Droite m'ont peiné. Vous pouvez toujours compter sur mon affection. Au revoir. »

Le lendemain, je vis à l'hôtel M. Porteu, représentant du Prince, qui, en m'abordant, me dit : « Eh bien, mon ami, vous en faites de belles ! Vous alliez, du reste, au devant d'une algarade en parlant à Monseigneur de la *Gazette* qu'il aime beaucoup, mais contre laquelle il est aujourd'hui fort irrité. Il ne vous en veut pas, au contraire ; le Prince m'a parlé de vous de telle façon que vous ne devez avoir aucun doute sur ses sentiments à votre égard. »

Tel est cet incident qui fit quelque bruit à Jersey, beaucoup à Paris et où apparaît la noble figure du comte de Paris. Le Prince, dont l'amitié était si fidèle, la bonté si grande, trouvait dans son cœur l'inspiration des plus délicates pensées. En voici une autre preuve.

Au cours de la période boulangiste, j'avais été, moi aussi un indiscipliné. J'avais violemment combattu l'alliance boulangiste que le bureau du Prince voulait nous imposer en Charente-Inférieure. On verra plus loin le récit de nos résistances. Je ne sais ce qu'en pensa le Prince ; mais quatre ans plus tard, je publiais contre le Ralliement ma brochure : « Appel à l'Histoire et à la Raison » et l'envoyais au secrétaire du Prince. Par suite d'un malentendu, on ne m'en avait pas accusé réception. Monseigneur s'en aperçut plus tard, et quoique déjà atteint d'un mal cruel qu'il savait incurable, portant presque seul un tel secret, vivant intrépidement en face de la douleur et de la mort, ce noble Prince m'écrivit de sa main cette lettre d'une si touchante simplicité et d'une si parfaite bonté à moi, simple journaliste :

« Palais de Villamanrique (Espagne).

Cher Monsieur,

En l'absence de M. Dupuy, j'ai ouvert la lettre adressée par vous à mon secrétaire et qui accompagnait un exemplaire de votre excellente brochure : « Appel à l'Histoire et à la Raison ». J'avais déjà lu avec une vive satisfaction l'exemplaire que M. Dupuy m'avait apporté, il y a près de deux mois de votre part, et je vois avec un vif regret que, par suite d'un fâcheux malentendu, vous n'aviez pas reçu les remerciements que je l'avais chargé de vous faire parvenir.

Je tiens à prendre moi-même la plume pour réparer ce retard et vous prouver combien j'apprécie le service que, par cette publication, vous avez rendu à la cause monarchique. Je connais votre dévoûment à cette cause, je sais avec quel zèle et quelle conviction patriotique vous l'avez servie dans la presse. Aussi suis-je heureux d'avoir l'occasion de vous le dire moi-même et je vous prie de me croire toujours votre affectionné,

Philippe, Comte de Paris. »

L'admirable Prince, si fidèle a ses amis, subissait alors la douleur de voir la défection d'un homme qui l'avait entraîné dans l'aventure boulangiste et qui, le premier, s'était rallié à la République, M. de Mun, lassé de la plus belle des vertus humaines : la fidélité !

VI

Les départements conservateurs où sévirent le Boulangisme et le Ralliement sont devenus la proie du radicalisme, tels la Charente-Inférieure et les Deux-Sèvres. Ceux qui repoussèrent ces deux aventures, comme la Vendée, le Maine-et-Loire, la Loire-Inférieure, seuls sont restés attachés aux principes de conservation sociale. Voilà la vérité. Et cette vérité, nous l'avions entrevue quand nous fîmes à Saintes, puis à Niort, une guerre acharnée au Boulangisme d'abord, au Ralliement ensuite.

Je ne peux pas tout dire sur les faits relatifs à la campagne que, d'accord avec le comité royaliste de la Charente-Inférieure et le comité de Saintes, je menais contre la candidature du général Boulanger. La déclaration du comité de la Charente-Inférieure rédigée par M. de Montbron et le marquis de Dampierre plaçait les choses sur leur véritable terrain :

« L'accueil fait à la candidature de M. Boulanger par un certain nombre de conservateurs de la Charente-Inférieure impose aux royalistes le devoir de protester hautement, afin de dégager le parti monarchique de toute compromission dans cette aventure.

» La révision que souhaitent les royalistes, et en vue de laquelle ils s'efforcent d'éclairer l'opinion, n'a rien de commun avec celle réclamée par M. Boulanger dont le programme radical-socialiste est la négation même de tous les principes qui servent de base à l'Alliance conservatrice. Nous espérons, pour la dignité du parti royaliste que la clairvoyance de nos amis ne se laissera pas troubler par des considérations secondaires, qu'aucun d'eux n'accordera son vote au général révolutionnaire qui n'hésite pas plus à renier sa signature qu'à proscrire ses bienfaiteurs.

Le Comité Royaliste de la Charente-Inférieure. »

C'est alors que certain néfaste conseiller du comte de Paris, et non le moindre, m'écrivit une longue lettre pour me mettre en demeure de soutenir Boulanger : « Ce n'est pas une question de principes, me disait-il, mais de tactique. Je vous l'explique par une juste considération de votre dévouement et pour vous prouver que nous ne pensons pas, en voyant les choses sous un autre jour, trahir les intérêts de la cause monarchique. *Tenez-vous en donc aux instructions que vous recevez, et faites votre devoir sans vous préoccuper du reste.* »

C'était net. Ma réponse fut non moins

nette. Je refusais. Et j'étais l'écho même du marquis de Dampierre qui, un jour, m'écrivait :

« Etes-vous revenu à Saintes ? En ce cas je voudrais bien vous voir, car aucune correspondance ne peut rendre ce que j'aurai à vous dire. Aussitôt votre retour, avisez moi, je vous prie et si vous ne pouvez venir à Plassac, j'irai vous trouver sans tarder.

Mille amitiés.

G. de Dampierre ».

Et le lendemain :

« Non, décidément, je préfère ne pas vous voir en ce moment, car je suis dans un état d'esprit aussi pénible que celui où vous devez être, et il n'est pas bon de s'échauffer mutuellement. Nous nous donnerons rendez-vous à Plassac ou à Saintes un peu plus tard. »

Dans ces conditions, le maintien du journal, en tant qu'organe du comité n'avait plus raison d'être, le traité ne fut pas renouvelé et nous disparûmes le 1er avril 1889.

Le comité de Saintes publia une déclaration portant :

« Si nous nous trouvions à l'aise sur le terrain de l'union conservatrice, il n'en fut plus de même lorsque l'union boulangiste nous fut proposée. Ici il n'était plus question de principes communs à défendre ; il s'agissait de recommander à la confiance du suffrage universel et de donner pour chef au parti conservateur tout entier un ex-général qui se déclarait prêt à repousser par la violence toute tentative, même légale, de restauration monarchique et dont le programme incohérent et impraticable, mélange de césarisme et de démagogie socialiste, est la négation même de tous nos principes politiques et sociaux.

» M. Edmond Béraud, a été, dans ces conjonctures délicates, l'interprète fidèle des sentiments du comité, en même temps que le défenseur de ses propres convictions. Nous sommes heureux de lui adresser nos remerciements, en même temps que nous lui exprimons nos regrets au sujet des circonstances qui le font s'éloigner de nous. »

M. de Montbron, président du comité départemental, m'écrivit :

« Puisqu'il nous faut renoncer à vous garder encore au milieu de nous, je ne veux pas vous laisser partir de la Charente-Inférieure sans vous remercier de ce que vous avez fait pour la défense des principes qui nous sont chers. Notre sympathie et nos vœux vous suivront sur le nouveau champ de bataille où vous allez lutter, et votre souvenir, soyez-en assuré ne s'éteindra pas parmi les amis que vous laissez dans la Saintonge et dans l'Aunis. »

Et M. Dufaure :

« Quels que soient les événements qui se préparent, vous n'aurez jamais à regretter d'avoir maintenu la seule ligne de conduite capable de faire du parti monarchiste le parti des gens qui ne veulent pas de compromission ; ceux qui savent éviter comme vous les équivoques sont trop rares par le temps qui court. »

Et le marquis de Dampierre :

« Soyez sûr que votre trop court séjour ici vous y a acquis l'estime et la sympathie de tous ceux qui aiment la franchise de caractères et la netteté des opinions... Je suis charmé que vous rentriez à la *Gazette de France*. Tous mes vœux vous y accompagnent. Vous appartenez à la *Gazette*, elle vous reprend et elle fait bien. Vous y vivrez dans un milieu où l'on pense, où l'on parle, où l'on écrit, comme vous, le langage honnête et sincère qui console des tristesses de l'heure présente. Tout à vous bien cordialement. G. DE DAMPIERRE. »

Je rentrais, en effet, à la *Gazette* et y demeurais de 1889 à 1892. J'y bataillais ferme. Mais un beau jour le dégoût de Paris et de la politique me prit et je revins avec les miens, habiter la campagne niortaise, résistant aux sollicitations si affectueuses du marquis de Dampierre :

« Votre disparition de la *Gazette* me serait très pénible, et pour beaucoup, soyez-en sûr. Ah ! je comprends, cher Monsieur et ami, l'écœurement de tout ce qui se passe, j'ai été trop souvent en parfaite communauté de sentiments avec vous pour ne pas éprouver moi-même cette impression ; cependant notre pauvre pays est là qu'il faut sauver, et les hommes comme vous ont-ils le droit dans la plénitude de leur force de se refuser à la lutte ? Reposez-vous, reprenez haleine ; mais retournez au combat, quand l'occasion s'en présentera. »

Cette occasion se présenta quelques années après. La *Revue de l'Ouest*, organe du comité royaliste des Deux-Sèvres présidé par le marquis de La Rochejaquelein, député des Deux-Sèvres, devint libre. Je connaissais La Rochejaquelein depuis longtemps, il était et resta jusqu'à sa mort un ami très cher — car pendant six ans, il m'écrivit presque chaque jour ! — La *Revue* me fut offerte. Me trouvant sur les lieux, j'acceptais la succession de mon excellent camarade Philouze, aujourd'hui directeur du *Journal de Maine-et-Loire*, et je restais à la *Revue* vingt ans, jusqu'à la guerre.

VII

Au moment où prenait fin, quelques mois avant la guerre, la durée trentenaire de la *Revue de l'Ouest*, Mgr Humbrecht, l'éminent évêque de Poitiers actuellement archevêque de Besançon, m'adressait la lettre que voici :

ÉVÊCHÉ DE POITIERS

Cher Monsieur,

Bien volontiers, je vous envoie ma meilleure bénédiction.

Vous avez combattu depuis de longues années pour deux nobles causes, la cause de Dieu et du Roi. Aussi je ne veux pas en douter, vous emporterez l'estime de tous, à quelque parti qu'ils appartiennent.

Les hommes, cher Monsieur, la donnent instinctivement à ceux qui savent être fidèles, sans défaillance, et combattre avec la plus parfaite abnégation.

Vous avez été de ceux-là, et si parfois, comme vous dites, vous avez frappé dur et fort, on saura vite l'oublier et on rendra toujours témoignage au dévouement sans borne qui inspirait tous vos écrits.

Veuillez recevoir, cher Monsieur, l'assurance de mes fidèles et très respectueux sentiments.

LOUIS, évêque de Poitiers. »

Quel témoignage plus précieux pour un catholique !

Libéraux, sillonnistes, ralliés, démocrates chrétiens, s'étaient ligués contre moi pendant vingt ans, et mon Evêque m'envoyait sa bénédiction et ses remerciements. J'étais bien vengé.

J'avais donc dirigé la *Revue* pendant vingt ans, aux heures les plus critiques de 1894 à 1914. Peu s'en fallut même que je ne l'aie dirigée durant les trente années de sa vie statutaire, car lorsque la Société fut fondée, en 1884, pour une période trentenaire, M. Monnet, sénateur des Deux-Sèvres m'avait écrit :

« Un de mes amis m'apprend que vous allez vous fixer près de Niort. Je n'hésite donc pas, cher Monsieur, à vous demander si, habitant à la porte de la ville, vous accepteriez des pourparlers pour la rédaction de la *Revue de l'Ouest*. Si cela pouvait s'arranger, les administrateurs dont je suis président en seraient très heureux. »

Je ne crus pas devoir accepter. Mais vingt ans de la même vie, c'est encore quelque chose dans l'existence humaine. Cela fait naître certaines haines qu'on repousse du pied, mais surtout des amitiés généreuses, des attachements profonds qui sont la joie du cœur.

Pendant vingt ans, la *Revue* n'a cessé

de lutter pied à pied. Mon très cher, très vaillant et très regretté ami, le vicomte des Courtis, président du conseil d'administration et président du comité royaliste — après la mort du marquis de La Rochejaquelein — et moi, nous préparâmes une vingtaine de réunions avec Chesnelong, Calla, Vaugeois de l'*Action Française*, Jules Delahaye, Lur-Saluces, la marquise de Mac-Mahon, de Roux et bien d'autres, sans oublier Guy de Cassagnac, car tout en affirmant la monarchie, nous cherchions à réaliser l'union des Catholiques. Je travaillais à organiser les groupements de la *Résistance catholique* de Guy de Cassagnac, de l'*Union catholique* d'Henri de Cathelineau, de l'*Entente catholique* de l'éminent Eudiste, le père Léon, et me heurtais sans cesse à l'opposition des libéraux dont la marotte était le terrain constitutionnel. Je ne dirai rien des polémiques innombrables que j'ai eues avec eux et ne citerai aucun nom. Je n'ai jamais eu d'adversaires plus haineux, ni plus hypocrites, mais j'eus, du moins la satisfaction de les avoir copieusement crossés.

J'ai certainement trouvé dans l'ancien parti républicain plus de loyauté. C'est ainsi qu'un des hommes les plus en vue du parti radical des Deux-Sèvres m'écrivait : « Je me découvrirai toujours devant ceux qui comme vous, ayant pris une voie, la croyant bonne, y sont demeurés fidèles. »

Et l'organe du radicalisme niortais disait :

« M. Béraud déteste et combat ardemment ce que nous aimons et défendons, de même qu'il aime et défend ce que les nôtres ont abattu et tout ce que nous ne cesserons de combattre. Mais c'est un adversaire franc, sincère, qui lutte à visage découvert. Jamais il n'a caché sous le masque d'un faux libéralisme ses convictions irréductiblement royalistes et catholiques. »

Il est vrai que mes campagnes électorales me valurent de violentes inimitiés, surtout du côté opportuniste. Je n'ai jamais eu de duel, et d'ailleurs j'ai toujours trouvé le duel chose stupide ; mais, une fois, je reçus les témoins d'Antonin Proust, député de Niort, ministre de Gambetta, et Panamiste célèbre. Le pauvre homme s'est suicidé. Paix à ses cendres ! Il se représentait, et je le rappelais à la pudeur.

Il m'envoya ses témoins, et ce ridicule dérivatif ne lui réussit guère, car je lui répondis publiquement :

« Les élections approchent. Il vous plaît de chercher à faire une diversion ; il me déplaît de me prêter à ce jeu.

» J'appelle un chat un chat... vous connaissez le vers.

» Vos insolences panamistes ne sauraient m'atteindre, elles ne comptent pas.

» Il y a en moi un homme qui n'a jamais panamisé.

» Il y a derrière vous le député qui a trafiqué de son mandat, vendu son vote — l'avocat général l'a dit — et qui, en revenant de Copenhague, a touché 20.000 francs du Panama, pendant que tant d'autres s'y ruinaient.

» Au revoir, Monsieur, au moment des élections. »

Antonin Proust fut battu.

La politique ne m'empêcha pas de faire de la *Revue* un journal littéraire de premier ordre. J'eus la bonne fortune de réunir sur le terrain des Lettres des écrivains célèbres qui, politiquement, n'avaient rien de commun avec la *Revue*. J'obtins ainsi la collaboration de Céard, de l'Académie Goncourt, Gabrielle Réval, l'auteur des Sèvriennes, Mlle Rousseil, de la Comédie-Française, Spronck, député républicain de Paris, Botrel, et de tous les lettrés de la région : Vallette, docteur Corneille, etc.

Il est peu de journaux de province qui aient pu offrir à leurs lecteurs un régal pareil.

C'est p...r la *Revue*, en 1900, que Botrel composa son admirable chanson « Les Mouchoirs de Cholet » et il m'écrivit de Cannes en me l'envoyant cette belle lettre qui semble écrite aujourd'hui :

« Cher Confrère et Ami,

» Vous me demandez quelques vers inédits pour votre *Revue* littéraire de Pâques. Les voici. Après tant d'autres, je chante La Rochejaquelein. Préparons les héros : l'avenir en aura besoin. Il ne s'agit plus d'entrer en danse aux cris de : « Vive le Roi ! » Pour l'instant, il importe de défendre Dieu et la Patrie. Serrons les rangs devant la Croix et le Drapeau. Par ces deux signes nous vaincrons.

» De Madame Botrel et de moi les plus affectueux souvenirs.

» Théodore Botrel. »

C'est encore pour la Revue que Botrel m'envoya « Le Noël des petits pauvres », exquise pièce, que tout le monde connaît.

VIII

J'avais connu le marquis de La Roche-jaquelein à la *Gazette de France*. Il était député des Deux-Sèvres depuis 1871. Dès que j'entrais à la *Revue de l'Ouest*, je devins son confident, le dépositaire de ses pensées politiques, le seul, puis-je dire. M. de La Rochejaquelein avait le sentiment profond des devoirs que son nom lui dictait, il gardait le respect filial de la tradition de sa race. C'était un esprit élevé, bel orateur et parfait écrivain. Froid et réservé, il ne se donnait pas facilement, mais à ses amis il témoignait un attachement absolu, et j'étais de ceux là. Il fallait le connaître beaucoup, je l'ai beaucoup connu. Jusqu'au jour de sa mort, j'ai vécu de sa vie politique et parlementaire. Presque chaque soir, il m'écrivait, me tenant au courant de tout, me disant bien des choses qui ne pouvaient être dites dans les journaux et qui n'ont jamais été dites : « Le ciel, m'écrivait-il, dans une de ses dernières lettres, le ciel a voulu maintenir entre vous et moi le parfait accord. Vous savez que nous sommes faits pour nous entendre et que j'ai plaisir à travailler avec vous. Je m'en remets donc à vous pour faire ce que vous jugerez le mieux et vous demande en ami de décider. Je vous soumets mes idées, je vous ennuie peut-être, vous jugerez et arrêterez, *ne varietur*, le texte définitif de ma déclaration, mais je ne mettrai cette confiance dans aucune autre personne que vous. »

Tels étaient l'abandon et la simplicité cordiale du dernier des La Rochejaquelein !

Principal actionnaire de la *Revue de l'Ouest*, il voulut cependant avoir un journal à lui, et créa le *Conservateur Bressuirais* que naturellement il me confia. De sorte que j'eus à diriger, en même temps, les deux journaux royalistes des Deux-Sèvres.

Au moment des élections de 1893, le marquis tomba gravement malade à Paris. Retenu loin de sa circonscription et dans l'impossibilité de s'occuper de sa réélection, il me demanda de le remplacer. J'étais en vacances en Bretagne, mais je n'hésitais pas. J'allais m'établir à Bressuire pour un mois. On craignait fort l'échec de M. de La Rochejaquelein, que ses adversaires faisaient passer pour mourant, sinon mort. Il fut réélu à une belle majorité, et la veille du scrutin, il m'écrivait de son lit : « Enfin, c'est fini ! Si nous l'emportons, ça sera miraculeux et c'est à vous, et à vous seul que nous le devrons. Je le dis sans méconnaître les bonnes intentions des autres, mais le journal seul aura pu maintenir les électeurs. »

En 1895, eut lieu à Saint-Aubin-de-Baubigné, où naquit Henri de La Rochejaquelein, l'inauguration de la statue du généralissime des armées vendéennes. Son petit neveu ne voulait pas descendre dans la tombe sans laisser aux générations futures l'image du héros. Ce fut une fête inoubliable, dont Cazenove de Pradines, le glorieux mutilé de Patay, si digne du sang de Bonchamps, me disait en m'écrivant deux jours après : « Cette fête a été comme une évocation fugitive autant que saisissante des grandes luttes et des grands morts d'il y a cent ans. Mais en revenant de là, mon cher Béraud, comme on est confus de se retrouver brusquement en face de son époque et un peu de soi-même ! »

Vingt mille vendéens étaient accourus aux côtés du marquis de La Rochejaquelein et des descendants des généraux vendéens, Charette, le marquis d'Elbée, Henri de Cathelineau et de Cazenove de Pradines, arrière petit-fils de Bonchamps. L'Oraison funèbre fut dite par l'illustre cardinal de Cabrières qui, quelques années après, au moment de la publication de ma brochure « Le dernier des La Rochejaquelein », me faisait l'honneur de m'écrire :

« Hélas, Monsieur, il y a des noms qui ne devraient jamais disparaître, et celui de La Rochejaquelein manquera désormais à notre histoire. L'avenir en connaîtra-t-il d'aussi glorieux ? Elevé dans le culte des héros vendéens, j'ai estimé au dessus de toutes les faveurs humaines l'honneur de pouvoir, du haut d'une chaire chrétienne, exalter et bénir la noble mémoire de Henri de La Rochejaquelein, défenseur de la foi politique que j'ai reçue par tradition et que, Dieu aidant, je conserverai jusqu'à la mort. »

Par le prestige de son nom, sa grande situation territoriale, — il possédait 3.000 hectares dans le Bocage, — sa générosité inépuisable, — il faisait vivre toutes les œuvres religieuses et secourait toutes les misères, — par son influence politique, M. de La Rochejaquelein tenait l'arrondissement de Bressuire et s'imposait à tous. Nul n'aurait osé broncher.

Les libéraux attendaient sa mort. Elle vint, et alors ce fut un déchainement d'ingratitudes, de jalousies et de haines. M. de La Rochejaquelein l'avait entrevu, car il me jetait un jour ce cri du cœur d'un Français désolé :

« Mon cher monsieur Béraud,

» ... Je ne peux pas prendre mon parti de tout le mal qui se fait. Comment des Français vivant en France peuvent-ils rêver de moraliser un régime que ses partisans déclarent incompatible avec l'Eglise ? Au fond, c'est une guerre politique et sociale sous le couvert de la défense religieuse. On veut se passer de nous, c'est bien. Regardons les ralliés à l'œuvre. Ai-je perdu avec l'âge tout discernement par trente années de luttes désespérantes et toute une vie de déboires patriotiques? Je ne comprends plus... Dans mon deuil et mon isolement, après dîner, je me laisse aller à vous écrire, comme je causerais. C'est que je souffre passionnément de voir périr la France... Mais vous avez autre chose à faire que d'en lire si long.

» Bien cordialement.

» La Rochejaquelein. »

Le *Conservateur Bressuirais* lutta encore quelques années avec les plus fidèles et les plus vaillants amis de La Rochejaquelein, vicomte de Chabot, docteur Dupuy, comte de Beauregard, etc., mais vint un jour où le dégoût nous prit. Le programme libéral avait succédé au programme royaliste. « Nous n'avons pas, déclara le Comité royaliste, à suivre les ralliés dans leur politique de reniements et de capitulations. Tout en protestant de leur zèle religieux, ils adhèrent à la République qui combat la religion avec une ardeur infernale. Notre patience est à bout. Ce serait nous déshonorer que de nous solidariser plus longtemps avec eux ».

Et le jour où le *Conservateur Bressuirais*, fondé par le marquis de La Rochejaquelein et dirigé par moi, cessa de paraître en jetant son mépris aux transfuges, les royalistes vendéens m'offrirent, par souscription, une magnifique réduction en bronze de la statue d'Henri de La Rochejaquelein, par Falguières, avec les mots fameux : « Si j'avance, suivez-moi. Si je recule, tuez-moi. Si je meurs, vengez-moi ! ».

IX

En 1899, au moment de la convocation de la Haute Cour qui allait juger mes amis royalistes Buffet, Lur-Saluces, de Sabran-Pontèves, Godefroy, de Vaux, le ministère de l'intérieur fit publier la liste des fonctionnaires désignés par le Duc d'Orléans qui avait été saisie chez M. Buffet. Cette liste portait « *pour Niort* préfet : M. Edmond Béraud, journaliste, ou M. Taudière, ancien député ; *pour La Rochelle :* M. de Grieu, ancien sous-préfet ou M. Lambert, de Saintes », etc.

Fort surpris de tant d'honneur, j'écrivis au bureau politique du Prince pour demander si la nouvelle était exacte : « Il est exact, me fut-il répondu, que votre nom figure sur les listes saisies dans nos bureaux, mais elles sont incomplètes, il n'en existe qu'une tout à fait achevée. Elle est en Angleterre ». Si la République avait été renversée, j'aurais donc été préfet des Deux-Sèvres, mais pas longtemps, car je n'ai pas la vocation administrative !

On avait également perquisitionné chez le colonel de Parseval, ancien gouverneur du Duc d'Orléans, et une lettre de moi bien anodine qui avait été saisie faillit compromettre le colonel. J'allais visiter Buffet dans sa cellule de la Santé ; quelques jours après, il fut condamné au banissement, ainsi que Lur Saluces, et ce dernier, resté l'un de mes meilleurs amis jusqu'à son affreuse mort, me fit le grand honneur de m'envoyer de Belgique une série d'articles d'une ironie vengeresse qui eurent un légitime retentissement.

Je continuais la lutte dans les Deux-Sèvres, et maintes fois j'eus l'occasion d'être encouragé par les plus hautes notabilités, notamment par l'héroïque général de Charette et le colonel marquis d'Elbée, dont je recevais les lettres les plus affectueuses :

« Mon cher ami,

» Vous combattez le bon combat. Honneur à vous ! Je m'associe à tous vos amis pour vous remercier de tous les services que vous rendez à la cause, malgré les déboires de l'heure présente. Nous rallier, nous Vendéens, nous qui n'avons jamais pu séparer notre foi religieuse de notre foi politique, jamais ! Comme vous avez raison de vouloir remettre votre département dans la bonne voie. Haut les cœurs, cher ami, et vive la France toujours ! Bien vite au revoir. Je serai, j'espère dans quelques jours à Nantes, bien heureux si un bon vent vous y amenait.

»Tout à vous de cœur, votre bien affectionné,

» CHARETTE. »

« Bien cher Ami,

» Votre mot m'a été au cœur ; et au milieu de mes tristesses, vous m'avez donné la fierté du nom noblement porté. Depuis longtemps nous avons travaillé à la gloire de la Vendée. Vous savez réunir et grouper le meilleur de la pensée royaliste. L'arrivée de chaque numéro de votre *Revue* me met en contact avec votre belle intransigeance pour la vérité. C'est un bon moment pour moi. Votre influence est celle d'une des plus belles énergies de ce temps. Laissez-moi vous embrasser et vous donner l'accolade vendéenne. Votre ami toujours fidèle.

» D'ELBÉE. »

Des évêques aussi, et non des moindres, voulurent bien m'envoyer leur approbation au moment où je menais une très vive campagne contre les novateurs du Libéralisme. Je ne citerai que ces lignes du grand évêque de Nancy, Mgr Turinaz : « Je vous remercie de tout ce que vous faites pour la cause de la Foi et de la Discipline si menacée. Je demande à Dieu, de récompenser vos efforts et votre zèle pour la défense des intérêts catholiques qui sont au plus haut point des intérêts français ».

Un autre jour, le bureau politique du Prince me donnait ce témoignage officiel :

« Cher Monsieur,

» ... Dans les Deux-Sèvres et le Poitou, la *Revue de l'Ouest* rend les plus signalés services. Sans défaillances, sans fautes de tactique, avec une sûreté de dialectique et une netteté de vues à laquelle il convient de rendre hommage, elle montre que la Monarchie nationale peut seule sauver le pays. Elle sème avec soin, avec intelligence, avec persévérance ; l'heure de la récolte sonnera. Depuis de longues années, vous dirigez la *Revue*, vous l'avez fait bénéficier de l'expérience autrefois acquise à la *Gazette de France*, et vous donnez à cette œuvre laborieuse, avec votre talent, tout votre cœur de patriote et de royaliste. Je sais que Monseigneur le Duc d'Orléans apprécie à leur valeur le journal et son excellent directeur. Comme chef de son bureau politique, je tiens à vous adresser des félicitations cordiales et à vous redire l'assurance de mes plus dévoués sentiments.

» Roger LAMBELIN. »

Et plus la *Revue* recevait de ces témoignages infiniment précieux, plus elle s'efforçait de défendre la Religion et la Patrie, plus les ralliés jaloux et envieux me tiraient dans le dos. Cé fut un débordement de manœuvres déloyales et d'ingratitudes immorales. A mes risques et périls, j'avais soutenu un candidat libéral contre un redoutable adversaire qui devint plus tard ministre. Le libéral fut élu et me remercia en ces termes :

« Votre campagne a été un triomphe pour votre vaillant journal. Vous avez attaqué si adroitement notre redoutable adversaire qu'il n'a pu échapper à la défaite. C'est à vous surtout, mon défenseur, que revient l'honneur de la victoire. Ai-je besoin de vous dire toute ma reconnaissance ?»

Que fit-il après ? Il eut l'impudeur de fait élire !

Quatre procès furent intentés à l'administration de la *Revue* qui les gagna tous les quatre ; on fit la chasse aux actionnaires, on eut recours à des procédés déloyaux. Le Conseil fit tête magnifiquement ; la *Revue* qui gênait lâcheurs et ambitieux, vécut jusqu'à la date mathétiquement fixée par les statuts ; et quand sa durée trentenaire prit fin, quelques mois avant la guerre, le Conseil d'administration vota à l'unanimité une délibération portant : « Les membres du Conseil ne veulent pas se séparer sans rendre encore une fois à M. Edmond Béraud l'hommage qui lui est dû, en même temps qu'ils tiennent à consigner au nom de la Société de la *Revue* l'expression de la reconnaissance à laquelle il a tant droit pour les services qu'il a rendus pendant 20 ans à la grande cause dont la *Revue* a été fidèlement l'organe. »

Mais, après la cessation légale de la Société, la *Revue* ne disparut pas tout entière. Elle se fusionna avec le *Nouvelliste de Bordeaux*, dont une édition spéciale fut consacrée aux Deux-Sèvres. Amis et adversaires me retrouvèrent au *Nouvelliste* aux côtés du comte de Lur Saluces, délégué régional du Prince, l'ancien proscrit de la Haute Cour, mon si fidèle ami, qui avait travaillé à cette transformation avec un autre ami inoubliable, le vicomte des Courtis, président de la *Revue*.

Hélas ! la guerre et ses conséquences désastreuses entraînèrent la chute du grand journal du Sud-Ouest.

Et depuis, je n'ai plus écrit que dans

la *Revue du Bas-Poitou*, la belle publication de mon vieil et éminent ami René Vallette.

X

Et maintenant, l'avenir nous jugera. Le présent nous donne déjà terriblement raison. Nous sommes la réserve du pays. Si nous avions dissipé le dépôt des traditions monarchiques, que trouveraient les Catholiques et les bons Français au jour du désastre inévitable ? Ce jour-là, tous nous remercieront d'avoir maintenu le principe et sauvé le drapeau.

Comme me l'écrivait, un jour, Ossian Pic, une nouvelle école a surgi, avant la guerre, celle des jeunes qui, avec le dégoût de tout ce qui a de l'autorité et de l'expérience, ont fait table rase du passé, sous prétexte de mieux servir leur temps. « Nous sommes à un tournant de la route », dirent-ils, et ils tournèrent du côté de la République. Cette nouvelle école devait tout modifier et réussir là où les vieux conservateurs ont échoué. Le résultat le plus clair fut de livrer le pays au radicaux. Mais ce que les jeunes libérâtres ont perdu, les jeunes d'*Action Française* sont en train de le reconquérir. Par sa tournure d'esprit l'*Action Française* apporte comme un regain de jeunesse et de nouveauté à l'idée monarchique que trop de préjugés présentaient comme une conception arriérée. Elle sait trouver des arguments nouveaux. Elle a toutes les hardiesses et aussi tous les succès. Elle proclame que seules les minorités d'élites fortement constituées sont capables, à un moment donné, d'entraîner l'opinion. Elle s'adresse à l'élite de l'intelligence et du travail, et l'invite à restaurer la pensée française.

Ces souvenirs seraient incomplets, si je n'ajoutais pas ce mot. J'ai toujours eu avec mes conseils d'administration, mes comités, leur président, les hommes politiques, les relations les plus cordiales, les plus affectueuses, tous furent pour moi des amis d'un dévouement sans bornes. — les lettres que j'ai citées en font foi, — mais tel n'est pas toujours le cas. Des journalistes, parfois sont traités avec une inqualifiable désinvolture et subissent les effets de la plus laide ingratitude.

En 1895, à l'Association de la Presse Catholique et Monarchique, dont je suis vice-président, je disais dans le rapport annuel :

« Votre Comité, Messieurs, s'étonne » que lorsque vous vous dépensez avec » tant de zèle au service des causes et des » hommes, on se montre si rarement dis- » posé à la réciprocité à votre égard. Il » déplore des tendances trop fréquen-

» tes à l'oubli de vos intérêts, et l'indif-
» férence pour votre sort, à de certaines
» ingratitudes qui lui semblent indignes
» du grand parti auquel nous apparte-
» nons... Est-ce trop demander que ceux
» qui bénéficient de ces dévouements
» montrent un peu qu'ils ont le senti-
» ment de la reconnaissance et de la so-
» lidarité ? Nous avons renoncé à toutes
» les faveurs et à tous les bénéfices du
» pouvoir pour nous consacrer à la dé-
» fense sociale. Nous sommes les soldats
» dévoués d'une cause momentanément
» vaincue. Ne l'oublie-t-on pas trop sou-
» vent ? Et comprend-on assez que s'il
» est une œuvre nécessaire, c'est la
» Presse ?

» Je suis assez indépendant pour tenir
» ce langage, et j'use de mon indépen-
» dance en le tenant sous ma responsabi-
» lité personnelle ».

Et mon confrère Emile Riffaud, directeur du *Patriote du Sud-Ouest*, reproduisant ces lignes, ajoutait plaisamment :

« Peut-être serez-vous tenté de croire que Béraud s'exagère un peu la hardiesse de ses propos et leur caractère subversif. Vous auriez tort ! Dans l'état actuel de la presse, un écrivain qui parle sur ce ton, qui dit et imprime ces vérités, doit être réellement indépendant, comme il le déclare. Ses moyens doivent lui permettre de regarder les grands chefs dans le blanc des yeux.

» Moi, je vous le confie en toute humilité, je n'ai pas l'indépendance de Béraud; je ne saurais imiter sa rude franchise et suivre cet homme tout d'une pièce sur le terrain dangereux où il s'aventure. Tel que vous me voyez, je suis tenu à beaucoup de circonspection, à une grande modération de langage, à une réserve dont, sous aucun prétexte, je ne voudrais me départir... Il faut tout de même, — surtout, n'abusez pas de cette confidence et gardez-vous de me compromettre en colportant mes appréciations peut-être un peu vives ! — il faut que les grands seigneurs millionnaires et les bourgeois cossus, soient de fiers inconscients, d'incalculables égoïstes, pour laisser les plus dévoués, les plus désintéressés défenseurs de la cause qu'ils prétendent représenter, tirer ainsi la queue de Belzébuth. »

Le fait est que de riches Catholiques donnent parfois des sommes énormes pour des institutions ridicules ou des œuvres destinées à périr sous les coups de la République. Et de riches conservateurs ne donnent rien du tout. Lesquels ont songé à l'avenir des journalistes malheureux, à alimenter leur caisse de retraite ? Nous en connaissons de ces confrères qui ont passé leur vie à défendre toutes les grandes causes et qui meurent de faim ! C'est navrant et honteux.

J'ai fini ces souvenirs d'un journaliste, qui des bancs de l'école à la vieillesse, a soutenu, sans compromission, la cause de la France.

APPENDICE

Un des hommes politiques les plus en vue de l'Assemblée Nationale avait écrit ses mémoires pour lui seul. Il me les fit lire et me permit de prendre copie du chapitre relatif à l'échec de la Restauration monarchique, m'autorisant à m'en servir, après sa mort. Je crois donc pouvoir publier ici quelques extraits des deux lettres admirables que cet illustre royaliste avait adressées au comte de Chambord, au sujet du drapeau blanc.

Première lettre

«... J'ai une conscience à satisfaire et une âme à sauver ; et ce but suprême de ma vie va peut être m'imposer une ligne de conduite en opposition avec les vues de Monseigneur. Que Monseigneur juge par cette déclaration de ce que je souffre et de ce que tant d'autres souffrent avec moi ! Le moment qui s'écoule est le moment de l'union, de l'union à tout prix. Ils pleurent des larmes de sang de ce qu'elle échappe à leurs ardents désirs. Leur douleur ne touchera-t-elle pas Monseigneur ?

» Un des hommes des plus dévoués à Monseigneur me disait hier : « Il faut s'envelopper la tête dans le drapeau blanc et se laisser ainsi tomber dans l'abîme ». Eh bien, non, Monseigneur. Nous n'avons pas le droit, nous députés auxquels le pays a donné mission de le sauver, de ne sauver que notre fidélité.

» Celui qui a l'honneur de parler ainsi à Monseigneur, le 31 juillet 1830, arracha la cocarde blanche de son uniforme, et jura qu'il ne servirait jamais d'autre cause que celle de son Roi. Il a tenu son serment pendant quarante-et-un ans. Mais il a toujours cru que la cause du Roi était celle du pays, il a toujours voulu le Roi pour le pays, non le pays pour le Roi, et il le veut encore. Voilà le cri d'un cœur brisé que j'ose jeter dans le cœur de Monseigneur... »

Deuxième lettre

« Monseigneur, une nouvelle année va commencer. Permettez-moi, en vous adressant mes hommages, de ne pas perdre cette occasion de vous dire encore : «*Salva nos, perimus* ». C'est l'appel qu'entendit le Sauveur du monde, et que la voix de la France vous adresse aujourd'hui.

» Monseigneur, croyez en nos vieux cœurs de royalistes, et ne nous en veuillez pas, si nous comprenons nos devoirs autrement que vous. La simple obéissance n'est pas une doctrine, et nous voulons être des hommes de doctrine. J'ai là sous mes yeux une lettre de votre aïeul Henri IV à l'un des miens. Je trouve dans ces traditions, dans mon dévouement, le courage de vous servir en vous déplaisant, la force de vous dire ce que je sais être la vérité.

» Assurément, je marche sur mon cœur, lorsqu'avec la certitude de vous déplaire, je vous expose franchement ce que je connais de l'état des esprits, des exigences de l'opinion, des résolutions de l'armée ; mais il me semble que je faillirais à l'honneur, en ne servant pas ainsi mon Roi... »

Les malheurs de la France viennent de cette fatale histoire du drapeau blanc. Le comte de Chambord avait toutes les qualités personnelles dont un prince a besoin pour être populaire. La France ne l'a pas connu, elle l'apercevait à travers un nuage de préjugés et de préventions. Il en eut vite triomphé, et, de près, l'homme aurait séduit le peuple.

Ah ! si Henri V avait, en 1873, accepté la couronne que lui offraient le pays et l'Assemblée nationale, telle qu'il put la prendre, quel bien il aurait fait, quel mal il aurait épargné ! L'union étant refaite dans la Maison de France, les liens dynastiques renoués, il eut marqué la transmission du droit monarchique à Philippe VII et Philippe VIII ; la France était sauvée, car en cas d'émeutes, instruit par l'expérience, Henri V n'aurait certainement pas montré la déplorable faiblesse de Louis XVI qui, pour éviter quelques gouttes de sang, a laissé la Révolution en verser des torrents. Le plan qu'il avait concerté avec un général fameux, Ducrot, en fait foi.

Le comte de Chambord n'a rien voulu entendre, hélas ! ni les supplications du royaliste dont j'ai cité les lettres ni celles d'un autre de mes amis de Poitiers, Ernoul, le grand orateur, qui, ministre du 24 mai, lui disait à Anvers : « Je parle à un prince chrétien, et je vais lui citer un exemple qu'il ne répudiera pas, celui de Notre-Seigneur Jésus-Christ qui, lorsqu'il voulut sauver l'humanité déchue, s'abaissa jusqu'à elle et se revêtit de ses infirmités. »

La politique du drapeau blanc et la politique du ralliement ont perdu la France, et ce sera l'honneur de ma vie journalistique d'y avoir invariablement résisté à la *Gazette de France* et à la *Revue de l'Ouest*.

Le scrupule de conscience du comte de Chambord était encore excusable, et il l'a expliqué dans le mot fameux : « Le drapeau blanc a flotté sur mon berceau, je veux qu'il ombrage ma tombe ». Mais le ralliement à la République qui, l'a si bien dit Mgr Freppel, « fut, est et ne peut être, en France, que la Révolution anti-chrétienne » ne se justifiera jamais.

Fidèle à la tradition de tous nos rois, y compris Saint Louis, le Comte de Chambord, prince profondément pieux, avait repoussé deux fois l'ingérence du Pape dans les choses temporelles. Une première fois, lorsqu'il dit à Mgr Falcinelli, nonce à Vienne : « Je suis le plus humble, le plus dévoué, le plus soumis des fils de Sa Sainteté ; mais il s'agit de politique, et je ne lui ai pas demandé de conseil. » Une seconde fois, lorsqu'en 1879, Léon XIII, voulant guider l'action électorale en France, sur le terrain constitutionnel, fit demander au Comte de Chambord par le nonce Mgr Czacky, d'intervenir auprès des royalistes. Le Prince repoussa toute ingérence pontificale dans les affaires de la politique française, déclarant qu'au besoin il interdirait publiquement à son parti de se conformer aux instructions de Rome.

Libéraux et ralliés ont assumé une responsabilité écrasante. Au lieu de travailler avec tant de zèle et d'aveuglement au profit d'un régime fatalement destructeur, s'ils avaient aidé les royalistes, la Restauration que fit échouer le drapeau blanc se serait faite par le Comte de Paris, l'Eglise jouirait aujourd'hui des libertés religieuses incompatibles avec la République maçonnique et la France ne serait pas agonisante.

Imprimerie de l'Ouest — La Rochelle

www.ingramcontent.com/pod-product-compliance
Ingram Content Group UK Ltd.
Pitfield, Milton Keynes, MK11 3LW, UK
UKHW022132260726
13993UKWH00003B/1384

9 782329 204116